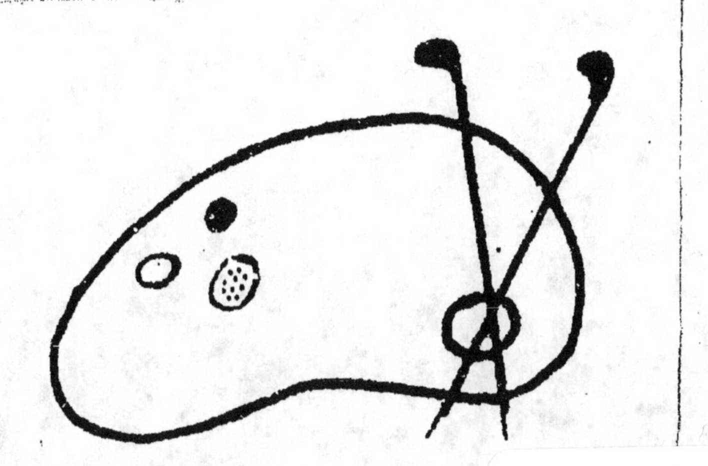

Couvertures supérieure et inférieure
en couleur

POINT D'ACCOMMODEMENT,

PAR M. HENRI-ALEXANDRE AUDAINEL,

POINT D'ACCOMMODEMENT.

. . . Numquid pax potest esse Zambri,
qui interfecit Dominum suum ?

La France a essuyé depuis deux ans toutes les calamités que la colere du ciel, long-tems irrité, peut verser sur les Empires. Elle a vu sa Monarchie s'écrouler, la Religion s'anéantir, tous les Ordres de l'Etat se détruire ; elle a vu tout un peuple, ivre de crimes & de sang, se changer en un troupeau de tigres, mais n'en ayant que la férocité, sans en avoir le courage ; elle l'a vu se réunir par milliers pour égorger & boire le sang des hommes, de ces mêmes hommes que n'osa jamais assaillir, tête à tête, un seul des individus de ce peuple tigre.

La plus fatale de toutes les calamités a frappé sur cet Empire, celle de l'opprobre, celle qui flétrit le malheur, en lui enlevant sa dignité ; & la France n'est pas si accablée par ses désastres, qu'avilie par la main qui les lui a infligés.

Aujourd'hui qu'elle voit ses autels renversés & baignés des pleurs & du sang des fideles ; aujourd'hui que de lâches apostats souillent de leurs mains sacriléges ces mêmes temples où

A 2

firent enfévelies les cendres de nos peres ; aujourd'hui que le Roi eſt enchaîné , que les flammes & le ſang couvrent les poſſeſſions de la Nobleſſe , tandis que des brigands ſe partagent celles du Clergé , il ſembloit qu'il ne pourroit plus dans ce goufre de malheurs , deſcendre de nouvelles infortunes ; mais la colere du ciel ne s'eſt pas épuiſée ; une calamité nouvelle nous menace.

Le ſeul bien qui nous reſtoit, à nous fideles ſujets du plus malheureux des Rois , à nous fideles adorateurs du Dieu de nos peres , dont nous n'éprouvions que les vengeances , on veut chercher à nous le ravir !

Proſcrits , inſultés par des bourreaux devenus des légiſlateurs , notre honneur nous reſtoit ; nous conſervions au moins ce feu ſacré ; & en attendant que le jour du châtiment des pervers arrivât , & que la lice fût ouverte entre le crime & l'honneur , le ſentiment de notre fidélité à ſuivre ſes loix , nous conſoloit de nos infortunes : maintenant que le bras vengeur paroît , maintenant que les foudres de la juſtice brillent ſur tous les trônes de l'Europe , une nouvelle épreuve nous attend , ou plutôt un nouvel opprobre nous menace ; celui d'un accommodement entre les factieux & nous , celui d'un pacte entre l'infamie & l'honneur , pacte qui comblant notre ignominie , entache à jamais le fentiment de l'honneur , le feul bien qu'au milieu des défordres de l'Empire eût confervé la Noblefle Françaife.

Jamais cependant un plus grand danger ne menaça tous les Rois. Tant qu'infenfibles en apparence au bouleverfement de la Monarchie Françaife , ils fembloient ne veiller qu'à leur confervation , s'entourer de leurs forces , & interdire toute communication entre leurs fujets & la France peftiférée , on pouvoit croire qu'ils avoient agi avec la France comme on fe conduit dans les incendies , en ifolant le bâtiment dévoué à la fureur des flammes ; on pouvoit croire que , fe bornant à fe garantir de la contagion , ils attendoient que ce beau Pays , devenu le tombeau d'une génération coupable , n'offrît plus qu'une terre couverte de fang & de crimes , pour que ce grand exemple , mis fous les yeux de leurs peuples , les garantît à jamais des forfaits qui auroient détruit en deux ans le plus bel Empire de l'univers.

Mais aujourd'hui que leur autorité tutélaire s'arme du glaive de la juftice , aujourd'hui que leurs bras fe réuniffent pour recréér un Roi à la France , en replaçant fur fon trône celui que le ciel nous a donné , notre intérêt eft devenu le leur , leur fort dépend du nôtre , leur trône s'écroule , fi celui de notre Roi ne fe raffermit ; & tout ce qu'ils vont faire pour nous , leurs

peuples auront droit de l'exiger de leur justice.
Si donc les Puissances de l'Europe consentent à
traiter d'accommodement avec les coupables du
côté gauche de l'assemblée se disant *nationale*, il
s'enfuit qu'ils reconnoissent les loix émanées
de cette assemblée, comme légitimes ; car, sans
cela, comment pourroient-ils forcer le Roi de
France à stipuler avec elle ? Il s'enfuit qu'ils
reconnoissent comme légitime le crime commis
le 17 juin 1789, lorsque les communes lacérant
le titre sous lequel le Roi & la Nation les
avoient créées, elles s'investirent à la fois d'un
nouveau titre & d'une puissance sans bornes,
qu'elles ne tirent que de l'acte même de leur
rébellion.

Si les Puissances de l'Europe ne pouvant se
refuser à l'évidence, reconnoissent l'assemblée
pour ce qu'elle est en effet, & la croient coupable des attentats du 17 juin & du 6 octobre 1789, de ceux du 28 février, du 18
avril, du 15 juin 1791, il s'enfuit que les Puissances traitant avec elles, reconnoissent la lé-
gitimité de ces attentats, & le droit de les commettre dans ceux qui s'en sont souillés.

Si les Puissances stipulent avec l'Assemblée un
accommodement, quel qu'il soit, fût-il dicté par
la sagesse elle-même, il s'enfuit clairement que
les peuples croiront, comme une vérité prouvée
par l'expérience, & signée de la main de leurs

Rois , que du plus épouvantable des crimes , peut naître pour eux, un ordre de chofes qui affure leur bonheur ; que commencer à parcourir la carriere des forfaits contre leur Souverain , c'eft un moyen d'arriver à une Conftitution affurée & fage ; que pour traiter avec avantage avec leurs Rois, il s'agit d'abord de les affervir ; que les crimes pour les affervir étant impunis, feront utiles ; que le pire des malheurs, après les avoir dégradés, entraînés, traînés des dernieres marches du Trône au premier degré de l'échafaud, feroit après tout, en cas de non fuccès, un moyen d'accommodement dont l'impunité, pour les fcélérats, fera le premier article ; que ces fcélérats auront encore la gloire de traiter avec leur Roi, comme les Rois traitent entr'eux de la paix ou de la guerre, & que la conclufion fera toujours une tranfaction qui, en la fuppofant avantageufe aux peuples, leur laiffera de la plus affreufe, de la plus coupable des affemblées, les plus doux fouvenirs, puifque ce fera à ces crimes heureux qu'ils devront l'arrangement fous lequel ils verront fe rétablir la juftice & la paix.

Telle fera la premiere leçon que les Rois de l'Europe donneroient à leurs Peuples, en ménageant l'Affemblée Nationale, & forçant le Roi de France à confentir avec elle à un arrangement quelconque. Cette leçon ne fera pas perdue ;

les philosophes & les impies sauront la relever
dans tout son éclat, & la mesurant à tous les
états, la faire parvenir sous toutes les formes
jusqu'à la derniere classe du Peuple.

De cette premiere considération en naît une
autre. La France vivoit depuis 14 siecles, sous
une Constitution ; les siecles écoulés avoient
apporté de grands abus dans son Gouvernement.
Pour détruire ces abus, le Roi rendit à la Constitution França se toute sa pureté, & crut avec
ce secours, lui rendre aussi toute son énergie ;
il s'est trompé ! la philosophie avoit gangrené
la Nation, & cette Constitution qui jadis fit
sa gloire, ne retrouvant plus les mêmes hommes
qui l'établirent, & la maintinrent, devint dans
les mains de leurs descendans ce que devinrent
les Temples de Dieu dans les mains d'Attila.
Le Roi fut la premiere victime de ses vertus,
il périt sous les efforts accumulés des factieux.
De grands malheurs ont suivi de grands forfaits,
& la verge du châtiment a instruit les Peuples
de ce qu'étoit cette philosophie impie, que
prêchoient les plus infâmes des hommes.

Si néanmoins les Souverains réunis pour
secourir leur frere, prêt à périr sous le poignard
de l'Assemblée Nationale, se permettoient de
traiter avec elle ; si, de concert avec le Roi,
cette Assemblée changeoit l'ancienne Constitution
de la Monarchie ; si les Puissances de l'Europe

affuroient & garantiffoient un pareil traité; dès ce moment leurs Peuples auroient droit à efpérer & à exiger d'eux les mêmes changemens, le même Gouvernement.

« Les anciennes loix qui fondent les Empires, ne font plus facrées, diront-ils, puifque vous-même vous les renverfez, & nous avons près de nous ce grand exemple, c'eft que vous avez confenti à changer la Conftitution françaife : après que l'Affemblée, qui l'a déterminé, a couvert ce Royaume de crimes & de deuil : pourquoi notre fageffe feroit-elle notre malheur ? Nous auffi, nous voulons changer, puifque les loix conftitutives des Empires ne font pas immuables ; nous auffi, nous voulons effayer la Conftitution, que, malgré les réclamations des premiers Ordres de l'Etat, vous avez impofée à la France. Accordez-nous ce bienfait ; notre modération à le demander pourroit-elle être un tort à vos yeux ? & pour obtenir les grâces des Rois, eft-il toujours néceffaire d'imiter la France, d'entourer vos palais de flammes & vos trônes de poignards ? »

Que pourroient répondre les Rois à de pareilles harangues ? Je l'ignore ; mais quelle que fût leur réponfe, elle ne contenteroit ni leur confcience, ni leurs peuples ; & la punition des malheurs qu'ils auroient accumulés fur un de leurs freres, deviendroit (avec l'impofbilité de s'en garantir pour toujours), une cruelle nécessité d'employer sans cesse de rigoureuses sévérités pour imposer silence aux murmures.

Mais si les plus saines notions de la politique empêchent les Rois de l'Europe de forcer le Roi de France à se prêter à aucun accommodement, proposé par l'Assemblée qui l'a détrôné, & qui l'eût conduit à l'échafaud, si on ne l'eût arrêtée, les loix de l'honneur permettent-elles aux Royalistes d'écouter les propositions qu'on leur fait ?

Les crises de la peur, ou l'insolence de la sécurité, ont toujours produit les mêmes symptômes parmi les factieux de l'Assemblée : dans les momens de leur sécurité sont nés ces décrets, qu'on croiroit dictés par les Achabs (1) & les

____

(1) *La conduite d'Achab envers Naboth, est trait pour trait celle de l'Assemblée envers le Clergé ; c'est ainsi que l'Assemblée a calomnié le Clergé pour le dépouiller, & l'a anéanti pour jouir de sa dépouille : ainsi Achab ajouta à ses héritages la vigne de Naboth (lib. III, cap. XXI.). La ressemblance est si frappante, qu'un homme plein de talens, de vertus, & nourri des hautes pensées renfermées dans les livres saints, a toujours répondu à ces hommes foibles qui lui demandoient : mais peut-on acheter les propriétés du Clergé ?* Si la vigne de Naboth étoit à vendre, l'acheteriez-vous ?

Phalaris réunis, & ces autres décrets que l'athée Diagoras eût à peine ofé lancer, comme des blafphêmes, contre les Dieux.

Quand les crifes de la peur reviennent, auffi-tôt paroiffent ces accomodemens préfentés au côté droit de l'Affemblée, pour former une réunion d'avis, & oppofer une unanimité, foit aux Peuples des Provinces s'ils murmurent, foit au Roi s'il fe plaint, foit aux Rois de l'Europe s'ils menacent.

Maintenant, nul doute que ces mêmes propofitions d'accommodement ne foient reproduites fous toutes les formes; mais il fuffit d'être au courant des fept accommodemens propofés depuis le 6 octobre 1789, jufques au 14 juillet 1791, pour favoir ce que fera le huitieme.

Les factieux ont toujours eu le même mobile pour les diriger dans leurs projets d'accommodemens; celui qui convient à des fcélérats; il confifte à offrir en holocaufte au parti le plus fort le facrifice du parti le plus foible, pour premiere condition du traité.

Ainfi, jufqu'à la captivité du Roi, bien prouvée & bien oftenfible, le 22 juin 1791, la bafe de tous les traités fut toujours le facrifice complet & abfolu de toutes les propriétés de l'églife.

Un aviliffement majeur dans les prérogatives de la Nobleffe.

Une dégradation fuceffive dans le pouvoir du Roi.

L'anéantiffement des Parlemens.

Deux chambres dans le Corps Légiflatif, dont une de Pairs.

Une révifion des Décrets.

Le dernier projet d'accommodement depuis la captivité du Roi, fut encore, d'après ce même principe, d'écrafer les foibles, d'anéantir l'autorité Royale qui fuccomboit, &, à ce prix, de recouvrer fes propriétés, & d'ignominieufes prérogatives.

Maintenant que les forces réunies de tous les Souverains de l'Europe vont relever le trône du Roi de France, l'accommodement qu'on leur propofe, eft encore la ruine du Clergé, abfolue & entiere.

Des facrifices dans la prérogative Royale ;

La deftruction des Parlemens,

Une divifion dans le Corps Légiflatif, fous le titre de Chambre des Pairs.

Toutes les déprédations qu'on pourra obtenir fur les propriétés féodales.

Une amniftie générale.

C'eft fur ces bafes qu'il faut raifonner : car elles ne font point hypothétiques; elles font fondées fur l'ufage conftant des factieux, & fur leur intérêt.

Je viens de prouver que c'est leur usage, il est évident que c'est leur intérêt.

La création des assignats est un de leurs forfaits; c'est avec ce produit des vols & des sacriléges, qu'ils ont soudoyé leurs complices, qu'ils se sont enrichis eux-mêmes, qu'ils ont espéré rendre la ruine du Clergé irrévocable, en intéressant la Nation à l'existence du crime qui l'a dépouillé. Ainsi nul ne doute que le premier vœu de l'Assemblée, ne soit d'obtenir l'anéantissement des propriétés de l'Eglise, d'autant que cet anéantissement assure celui de la Religion, dont on soumettra les Ministres, à l'autorité de ceux qui payeront leurs salaires.

Ainsi la premiere base d'un accommodement sera la consolidation des décrets qui ont dépouillé l'Eglise de ses propriétés.

A qui cette condition sera-t-elle proposée aujourd'hui? A tous les Rois de l'Europe, à la Noblesse française, à tous les Royalistes.

Il faut avoir le malheur d'être né au dix-huitieme siecle, pour être réduit à demander si une pareille proposition peut être acceptée; il ne s'agit donc plus de prouver que l'honneur la réprouve, il faut convaincre que l'intérêt de tous en seroit blessé, & que l'invasion, à la maniere des brigands, d'une propriété quelconque, n'est autre chose qu'une invitation pressante à les envahir toutes.

Quels sont les droits que peuvent avoir le Roi de France, les Rois de l'Europe, la Noblesse & tous les Royalistes, à l'invasion, à la dilapidation à main armée, & malgré la volonté du Clergé, de toutes les propriétés de l'Eglise? Ces droits consistent en un motif & un moyen, la nécessité est le motif; l'usage de la force est le moyen.

Quelle est cette nécessité? Celle de payer sans diminution ni retenue quelconque, sans support d'aucun impôt pour la chose publique, toutes les créances de l'Etat, celle d'acquitter tous les papiers-monnoies, qu'enfanta, pour exécuter ses projets, & payer ses crimes, une Assemblée, qui tenoit son Roi dans les fers, & qui se partagea tous les trésors de l'Etat.

De cette nécessité est né le vol du Clergé, & le moyen de l'opérer est fourni par sa foiblesse & la force de ses ennemis.

Mais où est le titre privilégié que les créanciers de l'Etat peuvent produire, pour donner à leurs titres de créance, une antériorité aux titres de propriété du Clergé? Ces biens leur furent-ils jamais hypothéqués? Si ces biens ne sont pas leur gage, qui a pu leur imprimer ce caractère plutôt qu'aux propriétés de la Noblesse, ou à toute autre propriété des Citoyens? Pourquoi faut-il que l'église paie, de toute sa substance, des dettes contractées sans son aveu?

Quant aux papiers-monnoies, pour les porter au titre des créances de l'Etat, il faut diſcuter, avant tout, qui leur a imprimé ce caractere, & voir enſuite ſi la nation elle-même a le droit de rendre hypotheque de ſes dettes, les biens d'un Ordre, excluſivement à ceux des deux autres Ordres, de telle ſorte qu'on puiſſe établir cette monſtrueuſe juriſprudence : la Nation a le droit de ſacrifier, pour ſon intérêt, une claſſe entiere de Citoyens, & de la dévorer.

Il s'enſuit donc qu'il ne reſte d'autre titre pour dépouiller le Clergé, que la convenance que l'on trouve à ſa perte, le profit qui en revient à ſes deſtructeurs, & la foibleſſe de ce Corps qui ne peut à main armée réſiſter à la violence de ſes ennemis.

Il ſeroit aiſé de prouver l'inutilité même de ce honteux ſacrilège, & de convaincre, ainſi que l'a fait le plus éloquent défenſeur de l'Egliſe, que ſon expoliation détruit l'une de nos reſſources, ſans enrichir la Nation.

Sans entrer dans cette diſcuſſion, & adoptant l'utilité du vol dans toute ſon étendue, mais en réduiſant les droits des voleurs à leur réalité, il s'enſuit qu'on dépouille le Clergé, pour le profit plein & entier d'une claſſe de citoyens, *les préteurs d'argent*, & qu'on le vole de préférence à tous les autres propriétaires, parce qu'il est le plus foible, & que ses assaillans sont les plus forts.

Voilà donc ce que l'on propose à la Noblesse & aux Royalistes, d'accepter pour premier article d'un accommodement !

Mais je leur demande, si Dieu leur a révélé que dans la série des siecles à venir, cette crise où l'intérêt de tous exige la destruction des propriétés des citoyens, sera l'unique, la derniere crise de l'Etat : car il faut cela pour justifier aux yeux de l'intérêt, l'utilité de ce vol national.

Si Dieu ne leur a pas ouvert le livre de nos destinées, il est possible que cette crise ne soit pas la derniere, où un grand crime seroit utile au plus grand nombre ; & alors je leur demande quelle est la classe qui reste à sacrifier ; si ce n'est pas la leur, je voudrois qu'on me désignât laquelle doit servir d'holocauste, & ce qu'ils auroient à objecter pour éloigner d'eux ces sacrifices, s'ils étoient un jour exigés au même titre, qu'ils auroient sanctionné & légitimé, pour dépouiller les Eglises de France.

Non ; Dieu qui tient dans ses mains cette longue chaîne de commandemens, qui du ciel descend sur la terre, pour asservir les hommes aux loix de la morale, ne veut pas qu'on puisse impunément en briser les anneaux ; & la peine d'avoir violé une seule de ses loix, est de se

trouver

trouver auffi-tôt fans bouclier, quand, forts de votre complicité, on vous rend les victimes des forfaits que vous avez commis ou approuvés.

Si l'intérêt du grand nombre, fi la force légitiment tout, chaque claffe de citoyens eft dans l'état, comme les compagnons d'Ulyffe dans l'antre de Poliphême, enchaînée jufqu'à l'inftant fatal où elle doit être dévorée. Mais cette honteufe dilapidation des propriétés de l'églife entraîneroit la ruine de la religion, puifqu'anéantiffant l'indépendance de fes miniftres, elle les foumettroit, par le befoin du falaire, aux volontés de ceux qui la leur accordent. Or je vous le demande. Comptez-vous tranfiger auffi avec la religion ? car dans les arrangemens propofés, fi l'affemblée ne tient pas à l'univerfalité de la conftitution civile du clergé, elle veut conferver intacte une partie de cet ouvrage impie. Mais la religion eft un tout dont on ne peut brifer aucun fragment. Cette religion fainte ordonne le martyre ; elle défend tout pacte avec l'impiété. Il faut être catholique, ou hérétique : tenir à la hiérarchie de l'églife, ou s'en féparer ; & jamais on ne vit l'églife, dans fes plus grands malheurs, accepter des traités avec fes perfécuteurs. Cette difficulté eft infoluble, & c'eft ce qu'ont fenti les ennemis de Dieu ; auffi fauroient-ils bien vous prouver un jour, fi vous confentiez à quelqu'accommodement à cet égard, que la reli-

B

gion vous défendoit d'en accepter aucun, &
qu'il falloit ou lui obéir alors, en ne tranfigeant
pas avec fes ennemis, ou recevoir déformais la
loi qu'ils voudront vous impofer.

Tel eft donc l'opprobre qui vous feroit
réfervé, noblèffe françaife ! & vous hommes de
tous états que la confcience attachoit à cette
rel gion que l'on vouloit détruire, & à ce trône
que l'on alloit renverfer ! Ce feroit pour rentrer
dans votre patrie flétrie par une fi lâche complicité que vous vous en feriez éloignés pour
attendre chez les Rois étrangers, vos vengeurs ?
Trop foibles pour réfifter à vos ennemis, & réprimer ce peuple tigre qu'ils lancerent fur vous,
vous atteftâtes à l'univers la juftice de votre
caufe ; & au lieu d'employer contre vos adver-
faires le poignard des affaffins à gages, ou la torche des incendiaires, vous avez tout attendu du
Dieu que vous ferviez ; & des rois, dont le
vôtre étoit le frere & l'allié : vous avez défiré
une vengeance, mais vous voulûtes qu'elle fût
l'oüvrage de la juftice & de votre vaillance ; &
tant d'actes héroïques n'aboutiroient qu'à vous
fouiller du partage des biens de votre églife ; à
vous féparer de l'unité catholique pour former
une églife fchifmatique ? vous étiez donc des
hypocrites de religion, quand fes loix violées
excitoient vos clameurs ? Vous voilà redefcen-
dus au rang de fes ennemis ; & après n'avoir pu

défendre ni ces loix, ni vos prérogatives, vous ne rentreriez dans votre patrie, que pour partager les fruits d'un vol, & recéler les richeſſes dévouées au culte de Dieu, à l'entretien de ſes miniſtres & au ſoutien de l'indigence?

Tel ſeroit, n'en doutez pas, le langage de vos détracteurs, & celui des impies eux-mêmes; tel ſeroit ſur-tout celui de ces villes frontieres où vous cherchâtes un aſyle; de ces villes où le plus vil intérêt avoit créé des partiſans à la plus infâme des révolutions; où vous êtes vus avec crainte, parce que ces avides étrangers tremblent pour des fortunes confiées à la nation dans ſa détreſſe; & qu'ils frémiſſent à l'idée d'une diminution des intérêts les plus uſuraires; de ces villes coupables, où lorſque l'on apprit l'arreſtation du Roi, alors que leurs ſouverains déſolés jettoient les yeux ſur eux-mêmes, pour trouver à ce Roi, à cet ancien & fidele allié, des ſecours & des vengeurs, on oſoit inſulter la calamité publique, par des réjouiſſances ſacriléges pour cet heureux forfait; de ces villes, où ſans égard pour vos malheurs, mais par les motifs les plus vils, on éclairoit par des feux de joie, ces retraites déſolées où vous verſiez des pleurs ſur le ſort de votre maître, & où vous juriez de mourir & de le venger.

Il ſeroit alors juſtifié, Nobleſſe Françaiſe, ce décret du 19 Juin 1790, qui vous anéantit, en vous raviſſant juſqu'aux armes de vos peres. Cet inique décret n'eſt cependant que celui qu'ils prononceroient eux-mêmes, ſi, forcés de juger leurs enfans, ils ne retrouvoient en eux que des brigands, ou des complices de brigands.

Après ce crime honteux, on vous propoſera, ſans doute, une Chambre de Pairs. Au moins ce moyen peut-il être diſcuté ſans honte & ſans colère.

L'ancienne conſtitution du Royaume, depuis Charlemagne, conſiſte dans la diviſion de la Nation en trois Ordres, délibérant ſéparément, ſous l'autorité du Roi; & depuis 1355, la loi la plus poſitive, reconnoît dans chaque Ordre la faculté d'empêcher, & dans la réunion du vœu des trois Ordres, & la libre ſanction du Roi, la loi de l'Empire.

Telle eſt la Conſtitution françaiſe dans toute ſa pureté; une Chambre de Pairs en eſt la deſtruc-tion abſolue, une Chambre de Pairs héréditaire anéantit l'Ordre de la Nobleſſe, bien mieux aſſuré-ment que les décrets de l'Aſſembléé, en ſuppoſant à ces décrets toute la légalité qui leur manque. Je vois tous les Citoyens égaux de droit, mais non de fait; puiſque la nobleſſe étant principa-lement une diſtinction d'opinion, dire qu'un homme étoit ci-devant de l'Ordre de la Nobleſſe, ou dire qu'il eſt Noble, c'eſt à-peu-près la même diſtinction dans l'opinion; mais élever trois cens Citoyens à la plus éminente des dignités, rendre ces dignités héréditaires; concentrer tous les droits & privilèges politiques des deux premiers Ordres dans cette première chambre, c'eft anéantir la Nobleffe de *fait* & de *droit*; car, hors de cette Chambre, qui appelle à elle tous les honneurs, toutes les opinions, on ne doit trouver dans l'Empire que des Citoyens formant la commune; tout intermédiaire feroit un monftre en politique, & bientôt un ridicule en fociété. Ainfi la meilleure maniere d'anéantir l'Ordre de la Nobleffe, c'eft de créer une Chambre de Pairs héréditaire.

Voilà ce dont il faut convenir. Puis il faut chercher fi un pareil établiffement feroit utile à la Nation, car c'eft le feul moyen de légitimer un auffi grand facrilége.

Or, je penfe qu'il s'en faut de beaucoup qn'un pareil établiffement lui foit avantageux.

Une Chambre de Pairs héréditaire n'a plus que fa feule prérogative à conferver, & elle s'éloigne auffi-tôt du peuple, parce qu'elle n'en a plus aucun befoin; elle eft difficilement acceffible pour les Citoyens, car l'élévation d'un Citoyen à la Pairie, étant la plus éminente des grâces, peu de Citoyens ont le droit d'y prétendre; l'inamovibilité, les ifole de toute refponfabilité; je vois pour la Nation plus à craindre qu'à efpérer à l'exiftence d'une Chambre de Pairs.

Une Chambre de Députés de l'Ordre de la Nobleſſe, ne préſente aucun de ces dangers; la Nobleſſe eſt acceſſible pour tous les Citoyens un peu élevés au-deſſus du commun: & comme un Noble d'hier peut-être Député de la Nobleſſe, cette grande carriere reſte toujours ouverte au talent & à la plus légitime ambition. L'amovibilité de tous les repréſentans, les aſſujétit à une reſponſabilité envers leurs commettans, & les rapproche néceſſairement de la Nation, en les attachant à ſes intérêts.

Enfin, les avantages de la Conſtitution Britannique tiennent peut-être au phyſique même de cette Iſle fortunée, & au caractere de ſes Habitans, & l'on auroit le droit d'examiner ſi la France jouit du même avantage, avant de l'expoſer aux dangers d'une pareille Conſtitution.

Puis, & ceci eſt péremptoire, en ſuppoſant une Chambre de Pairs héréditaire, ni le Roi, ni les Députés de la Nobleſſe aux Etats-Généraux de 1789, ni les Rois étrangers, n'ont le droit de l'établir.

Le Roi eſt le gardien de la Conſtitution fondée par ſes Ancêtres, de concert avec la Nation; il eſt dans l'impuiſſance de la changer. Il eſt le défenſeur de toutes les propriétés, il eſt dans l'impuiſſance d'en envahir aucune. Pour attérer la Conſtitution antique, il faudroit que le Clergé, la Nobleſſe & le Peuple, réunis dans leurs Bailliages, en émiſſent le vœu poſitif, & que ce vœu fût ſanctionné par le Roi; ſans cela quel eſt le Député de la Nobleſſe aux Etats de 1789, qui, à moins d'être un parjure, oſeroit conſentir à la deſtruction de ſes Commettans, ſans leur aveu, aux riſques peut-être d'être révêtu de leurs dépouilles par la Pairie?

Ainſi, en admettant comme poſſible cet arrangement, nul n'a le droit d'y conſentir. Les Rois étrangers ne ſauroient nous y contraindre, ſans autoriſer leurs peuples à l'exiger de leur juſtice; puiſque ce ſeroit, en cédant aux volontés criminelles d'une aſſemblée coupable, qu'ils auroient garanti l'exiſtence d'une Conſtitution qui bleſſe à la fois tous les droits.

Mais qu'arriveroit-il ſi l'Aſſemblée actuelle faiſoit agréer un pareil accommodement aux Souverains? C'eſt qu'il ſeroit éternellement frappé de nullité; & par le défaut de pouvoir de l'Aſſemblée, & par ſes crimes, qui lui auroient ravi ſes pouvoirs, quand elle auroit eu tous ceux qui lui manquent.

C'eſt que cette Conſtitution établie par la force, en conſerveroit le caractere: férocité dans ceux qui occuperoient les places; haine inextinguible dans ceux qui obéiroient, d'interminables diſcuſſions en ſeroient la ſuite néceſſaire; la Nobleſſe détruite par ſes Pairs, ſe réuniroit aux Communes pour les anéantir, & une guerre inteſtine ſeroit la ſuite d'un arrangement dont toutes les baſes ſeroient viciées, ne fût ce que par la médiation de l'Aſſemblée actuelle.

D'ailleurs, pourquoi ceux que l'on nomme les IMPARTIAUX, demandent-ils la création d'une Chambre de Pairs? C'eſt que l'exécution de ce projet aſſure la dilapidation des propriétés du Clergé. Trop foible dans la Chambre des Pairs, ſans repréſentans dans celle des Communes, on le dépouillera, ou l'on conſommera ſa dépouille avec les nouvelles formes d'une moderne Conſtitution. Voilà le grand but de tous ceux qui, dans les arrangemens propoſés, exigent ſa ruine abſolue, comme premier moyen.

On veut le détruire phyſiquement en lui enlevant ſon patrimoine; & politiquement en lui raviſſant toute autorité, même celle qui lui eſt néceſſaire pour défendre la Religion, ſi une Aſſemblée, compoſée de deux Chambres, où il n'aura aucune influence, vouloit jamais y attenter.

On propoſera à la ſuite de ces articles des diminutions notables dans les prérogatives inaliénables du trône; ces prérogatives ſont:

La ſanction abſolue.

Le droit d'appeller & de diſſoudre les Etats-Généraux.

De diriger ſeul & à ſon gré toute la force publique.

D'être la source de tous les honneurs, le distributeur de toutes les grâces, le chef suprême de la Justice.

De faire à son gré la paix ou la guerre.

De conclure seul tous les traités.

D'accorder grâce aux coupables;

Et de présenter au Chef de l'Eglise, les Evêques de l'Eglise Française.

Mais qui donc a le droit de consentir à la diminution d'aucunes de ces prérogatives?

Le Roi n'en est que le conservateur; il n'en fut jamais le maître. Il doit en user, il ne peut les anéantir.

Ce ne fut pas pour décorer l'existence d'un homme, que les peuples confièrent aux Rois des prérogatives d'une si haute importance. Ils le regarderent comme constituant éminemment la Royauté; & ils regarderent la Royauté comme nécessaire à leur existence.

Aucune de ces prérogatives n'est un don fait aux Rois; elles sont toutes des devoirs du trône; il peut en mal user; mais elles restent intactes pour être transmises dans toute leur intégrité aux successeurs.

Un Roi qui déclareroit qu'il ne veut plus de sa prérogative, abdiqueroit la couronne par ce seul mot : car déclarer qu'il ne veut plus remplir les devoirs de la Royauté, c'est remettre la couronne à son successeur.

Ce seroit une étrange dépravation de jugement que de préfenter au Roi ces prérogatives comme des fleurons qui entourent fa couronne, & de lui perfuader qu'il dépend de lui de s'en dépouiller.

Ces prérogatives lui furent confiées fous la loi du ferment, & il promit de les défendre. Elles lui furent confiées par la Nation *pour s'en fervir contre elle-même*: car dans des tems tranquilles, plufieurs font inutiles; mais on prévit les orages, & on lui remit en dépôt des droits facrés, pour que feul au milieu des tempêtes, il maintînt la Royauté dont il porte le fceptre.

Il peut d'autant moins affoiblir ces prérogatives, qu'il jura de régner par elles. Il doit mourir pour les défendre; & c'eft à ce titre que le glaive brille en fes mains. Sans doute que la Royauté eft une charge, & la plus éminente des charges, comme fes devoirs font les plus facrés des devoirs.

Ainfi qu'il eft impofé aux Peuples de mourir pour la défenfe du Trône, de même il eft impofé aux Rois de mourir pour la défenfe de la Monarchie; & la Nation en les élevant fur le Trône, & les entourant de prérogatives néceffaires au maintien de la Royauté, voulut rendre la Monarchie éternelle; mais elle ne prétendit pas rendre les Rois immortels.

Le Roi n'a donc pas le droit de facrifier aucunes des prérogatives du Trône: il n'a que celui d'en éloigner les abus : & ce droit eſt encore un de ſes devoirs.

Si les Souverains réunis, donnoient à l'Europe le ſcandale de conſentir à la perte ou à l'altération d'aucune de ces prérogatives, de quel droit prétendroient-ils conſerver, ſur leur Trône, ces mêmes prérogatives dont ils auroient conſenti à dépouiller le Roi de France ?

Si ces prérogatives ſont odieuſes en France, elles ſont odieuſes chez eux. Si elles ſont l'apanage néceſſaire de la Royauté, pourquoi ſouffriroient-ils que l'on en dépouillât notre Roi ?

Ce raiſonnement eſt invincible. Il prouve que cette cauſe eſt la cauſe des Rois, & que leur confédération, pour ſecourir le Roi de France, n'a & ne peut avoir d'autre but, que de le réintégrer, lui & ſon peuple, dans tous les droits reſpectifs dont ils jouiſſoient avant l'Aſſemblée des États-Généraux de 1789.

On propoſera l'abolition de pluſieurs droits ſeigneuriaux. Ah! ſans doute la ſuppreſſion de quelques-uns de ces droits peut alléger le ſort du pauvre ; & pour ceux-là, les Propriétaires ne demanderont qu'un autel où ils puiſſent, avec honneur, en offrir le ſacrifice ; mais l'accorder à l'Aſſemblée ſe diſant Nationale, ce ſeroit une ignominie toute nouvelle, que ſans doute aucun Souverain ne voudra leur impoſer.

D'ailleurs, peut-on ſacrifier ceux qui conſtituent éminemment la propriété ? Quoi ! peut-on consentir au rachat forcé des droits imposés pour la tradition des fonds ? Une pareille concession forcée, seroit un attentat à la propriété, sans utilité même dans son accomplissement. Car ôter aux grands Propriétaires de terrain, la faculté d'en faire la propriété des Agriculteurs, en se réservant une redevance irrachetable, ce seroit forcer les grands-Propriétaires à conserver des fonds qu'ils ne peuvent cultiver, & ravir à l'industrieux agricole, un moyen simple & facile de devenir Propriétaire immuable sans argent comptant, & de recueillir à perpétuité le fruit de son labeur.

Pour une pareille concession qui, changeant la foi des traités, affranchit l'emphytéote d'une partie de ses promesses, en forçant néanmoins le propriétaire à laisser subsister le contrat, il faut une volonté expresse des propriétaires. Or, ils ont manifesté, dans tous les cahiers, une volonté directement contraire ; le Roi, protecteur de toutes les propriétés, n'a le droit d'en violer aucune.

Si dans quelques parties des autres droits féodaux, il existoit des abus, des extensions, des usurpations, les Tribunaux, organes des loix, peuvent les proscrire. Mais comme ce droit est essentiellement l'un des devoirs de la juſtice diſtributive , pourquoi tranſiger à cet égard ?

Sans doute on demandera la ſuppreſſion des Parlemens. On ſait trop que, miniſtres des loix & de leurs vengeances , le rétabliſſement de l'ordre néceſſite leur réſurrection. On ſait trop qu'eux ſeuls peuvent pourſuivre légalement les traîtres & les factieux ; & voilà pourquoi on voudroit faire de leur anéantiſſement, la condition expreſſe d'un traité. Mais leur exiſtence eſt importante au Trône , & tous les Rois doivent en ſentir la néceſſité.

Toute vengeance perſonnelle , en ce moment où tous les cœurs ſont ulcérés , doit être ſévérement proſcrite par la loi. Mais pour commander le ſacrifice de tout reſſentiment perſonnel , il faut que le glaive repoſe dans la main de la juſtice ; elle ſeule peut frapper , ſans que ſes coups portent l'empreinte du deſpotiſme ou de l'aſſaſſinat : & peut-on eſpérer de déſarmer les Citoyens , en détruiſant les Tribunaux , en voilant les yeux de la Juſtice , en laiſſant la France infectée de cette foule de ſacriléges , que le crime plaça ſur les ſiéges des Juges, & qui, incapables de punir des crimes dont ils furent les inſtigateurs ou les complices , n'ont fait juſqu'à ce jour que ſe taire à l'aſpect de forfaits, & vendre leurs ſentences ?

C'eſt parce que la Monarchie ne peut ſe rétablir fans les Parlemens (1), que l'Affemblée n'a jamais propofé un feul accommodement, fans exiger leur fuppreffion ; & c'eft parce qu'ils ont péri avec la Royauté, qu'ils doivent renaître avec elle, par elle & pour elle.

Cet article de la fuppreffion de tous les Parlemens, eft celui dont M. le Comte de Mirabeau avoit fait (fur-tout avec ceux à qui il propo-foit un traité peu de jours avant fa mort) la condition, difoit-il, *fine quâ non*, & on peut fentir ce qu'une condition de ce genre, qui paroiffoit auffi effentielle au plus pervers de tous les hommes, devoit être en elle-même : M. de Mirabeau fentoit que la Monarchie re-naiffoit, & fe raffermiffoit avec le Parlement ; que nulle faction ne pouvoit être long-tems puiffante à côté d'eux, & fur-tout qu'un grand criminel comme lui ne pouvoit alors demeurer impuni ; & de ces certitudes réunies étoit née dans fon âme, repaire de tous les vices, la volonté déterminée de ne fe prêter à aucune forte d'arrangement, où l'exiftence du Parle-ment feroit admife comme condition ou moyen.

---

(1) *Ce n'eft pas la doctrine du comité féodal, ni celle du fieur Merlin, fon organe. Ce ne feroit pas non plus celle de Cartouche, ni celle de Raffiat, ni celle de Louis Mandrin.*

On propofera une amniftie, & l'on ne peut nier qu'elle foit néceffaire; mais une amniftie eft une grâce, & non un traité. Sans doute la plus grande partie de ceux qui, dans les Provinces, ont commis des atrocités, les ont commifes dans un état de délire, qui femble enlever au crime une partie de fa fcélérateffe. C'eft le bandeau fur les yeux, qu'armés par des fcélérats, ils ont poignardé leurs victimes. L'excès même de leur cruauté, femble folliciter le pardon : car il n'eft pas dans la nature humaine de produire des monftres qui puiffent exécuter de fang-froid de tels crimes.

Mais l'amniftie des Rois a un terme par-delà lequel leur clémence eft un outrage. Il ne dépend pas des Rois de pardonner les crimes de lèfe-majefté. Les auteurs de toutes nos calamités ne peuvent jouir d'aucune amniftie, il faut que tout l'Empire s'anéantiffe, & que l'Europe change d'exiftence, ou que les coupables des journées du 5 & 6 Octobre 1789, foient connus & punis.

Il faut que les traîtres qui ont ofé porter la main fur leur Roi, le 21 Juillet 1791, foient punis.

Il faut que ceux qui ont rendu les Etats-Généraux l'une des plus effroyables calamités de l'Empire, foient punis.

Il ne dépend pas du Roi de leur pardonner;

leur exiſtence ſeroit un obſtacle éternel au re-
tour de la paix ; & ſi un Souverain en Europe
oſoit donner ce conſeil au Roi de France ; Qu'il
offre de recéler chez lui ces régicides, qu'il fera
abſoudre chez nous.

Peut-être ſon autorité ſera-t-elle aſſez affer-
mie, pour concentrer ces poiſons dans ſon
Empire ſans en rien redouter ; mais dans l'état
où eſt la France, il vaut mieux nous laiſſer
périr, que de nous forcer à leur accorder un
aſyle.

Une amniſtie ſi outrageante, ſi ſcandaleuſe,
ſeroit la cauſe des vengeances particulieres les
plus atroces ; quand au milieu des coupables,
le bras de la juſtice ſe dépouille de ſon glaive,
chaque citoyen peut s'en aider.

Qu'ils fuient, ah ! ſans doute, qu'ils fuient,
& qu'on leur laiſſe chercher des antres & des
tombeaux : ainſi s'eſt conduit le ſage Léopold ;
on ne l'a pas vu pourſuivre les chefs criminels
du Brabant, mais on ne l'a pas vu leur per-
mettre d'y reſter.

Une dégradation ſucceſſive & lente, a amené
enfin une corruption de ſentiment, une baſſeſſe
dans toutes les conceptions, une ſorte d'opprobre dans la politique, dont les ſiecles les
plus malheureux n'avoient pas encore donné
l'exemple. De nos jours ſe ſont renouvellés en
France tous les attentats qui étonnerent l'Univers,

vers, fous Charles Ier, Roi d'Angleterre. Mais la même révolution n'a pas confervé en France cette hauteur de caractere, qui fembloit honorer l'Angleterre au milieu même des atrocités, dont elle fe fouilloit.

Qu'on life les Hiftoriens Anglois à cette époque : au milieu de ce recueil des fcélérateffes humaines, brillent encore quelques vertus ; & Charles Ier, captif au milieu de fon peuple , trouva jufques dans la falle même , où des régicides oferent le juger, des enthoufiaftes & des fenfeurs ; des femmes même oferent infulter à fon tyran, & rendre un hommage public aux vertus de ce Roi infortuné.

Qu'a-t-on vu de pareil à Paris le 25 Juin ? Un Péthion, . . . un Barnave, . . . fiégeant à côté d'un des plus puiffans Monarques de l'Europe , à côté des defcendans de Marie-Théreſe & de Louis XVI ! Un Péthion !... un Barnave !... une pareille humiliation étoit déjà le comble de l'ignominie ; mais ce qui caractérife ce fiecle, c'eft qu'au moins , fous Charles Ier, il exiftoit encore une forte de pudeur qui obligeoit les fcélérats à voiler leurs figures, ils vouloient que le crime fût commis ; mais ils étoient honteux d'en devenir les inftrumens. Le bourreau de Charles Ier, armé d'un glaive, cacha fa figure fous un mafque. Aujourd'hui *les bourreaux* de Louis XVI font honorés de leur rôle. Ils fe font montrés au peuple à visage découvert, & tandis que ce Roi prisonnier traversoit les rues de sa Capitale, le peuple ivre de férocité, se laissoit ordonner par les Chefs des parricides qui le traînoient dans sa prison, de se couvrir devant lui, & de l'outrager jusques sur le seuil de son Palais. Pas une seule voix ne s'est élevée en sa faveur, PAS MÊME DANS L'ASSEMBLÉE; & le plus épouvantable des crimes fut commis, sans que le Roi apperçût à ses côtés un visage baigné de pleurs.

Ce Roi arrêté dans son Royaume, insulté, enfermé, se voit par un Décret, suspendu de toutes ses fonctions; un la Fayette l'ose nommer l'homme fugitif! un la Fayette ose dire, *cet homme-là n'est plus bon à rien*, & on parle d'accommodement! Et à qui en parle-t-on? au Frere de la Reine de France, à tous les Chefs de la Maison de Bourbon, aux Alliés du Roi! Voilà sans doute un trait caractéristique de ce siecle!

Oui, je le répéte, celui de Charles premier eut plus de fierté, & le silence de l'Europe fut alors plus imposant, que de perfides assistances, dont le but auroit déshonoré cet infortuné Monarque. On ne put le défendre par les armes, & lui rendre son Sceptre; mais on ne le brisa pas dans sa main; on le laissa mourir tout entier, & descendre au tombeau avec toute l'intégrité de ses droits & toute sa dignité. On aima mieux sa mort que sa conservation acquise au prix de son honneur. Ce fut une grande victime immolée à la Monarchie, ce fut un Roi martyr des prérogatives de la Royauté.

Mais , me dira-t-on , vous réclamez vous-même hautement l'assistance des Rois ; vous remettez en leurs mains les destinées de la Monarchie. Oui , nous les invoquons : les Rois sont sur la terre le bras de Dieu ; c'est en leurs mains que brille le glaive des vengeances : mais nous est-il arrivé de les outrager au point de chercher en eux des Médiateurs ? non , nous ne voulons que des *Vengeurs*.

Si la crainte de la guerre , si la frayeur des dépenses , si des raisons plus *obscures* , leur inspirent la crainte de soutenir la cause d'un Roi leur Beau-Frere , leur Parent , leur Ami , nous serons les premiers à leur dire : laissez-nous périr ! L'existence d'une génération n'est qu'un point dans l'immensité des siecles. Celle-ci est dévouée à l'infortune , elle ne doit pas l'être à l'opprobre. Laissez-nous donc périr , & conserver dans nos malheurs tous les droits du Trône qu'éleverent nos Peres , & que releveront nos Descendans. Ils n'auront à nous reprocher que nos infortunes , & non d'avoir brisé nous-mêmes le Sceptre de notre Roi , ni d'avoir humilié la Majesté du Trône , à l'excès inoui de stipuler avec des Scélérats , qui oſerent porter une main ſacrilége ſur la Perſonne du Monarque.

Telles ſeroient nos diſcours , ſi tous les Rois , oubliant leurs intérêts , ne nous offroient , pour tous ſecours , que des accommodemens & des médiations.

En vain , pour flétrir dans le cœur des Français juſqu'à l'intérêt que les plus furieux Démocrates portent au ſort du Monarque , répand-on de tous les côtés que le Roi , avant ſon départ , avoit ſtipulé avec une partie de l'Aſſemblée , & que de ſes intrigues ſouterraines , tramées à ſes côtés *par les plus vils des hommes* , s'étoit formé un accommodement qui , uniſſant ſa Sanction libre aux Décrets déjà rendus , devoit impoſer ſilence à tous les murmures. Cette calomnie eſt atroce : les monſtres ! après avoir arraché au Roi juſqu'au dernier rayon de ſa Couronne , ils veulent le déshonorer , pour le préparer à la mort !

Mais , le fait fût-il vrai : quand l'excès des maux , les rigueurs d'une longue priſon , les outrages , le ſilence de l'Europe entiere , la terreur d'une mort ſans ceſſe préſente (& que peut recéler le vaſe qui le déſaltere , auſſi-bien que les glaives qui l'entourent) , auroient briſé ſon âme : en quoi un pareil accommodement pourroit-il il impoſer ſilence aux plus juſtes réclamations ?

Quoi ! le fort de la Monarchie & celui de l'Europe entiere dépendroient de la foiblesse d'un Roi, pour légitimer tous les attentats, & imposer silence à tous les Alliés des Trônes ? Les peuples n'ont donc qu'à forcer leurs Rois à lutter avec les outrages, & éteindre, dans une longue prison, cette énergie de caractere qui doit être à-la-fois leur sauve-garde & celle de leurs peuples ? Quel incroyable délire !

C'est dans les Empires despotiques que les erreurs des Rois font encore des loix. Dans les Monarchies, elles ne font que des fautes. La Loi reste vivante, quand le Monarque s'anéantit. Elle fait pour lui ce qu'il doit toujours faire pour elle ; elle le protege & le défend lui-même, & c'est fous ce rapport fur-tout que les Rois font impeccables : en les déclarant tels, on les appuya fur la colonne de la Loi.

Un nouveau péril nous menace encore, il naît des projets d'accommodement, dont en chaque danger on essaye de leurrer les peuples, & avec lesquels on espere défarmer les Souverains. On cherche à persuader au Roi qu'après le complément de la Charte constitutionnelle, il fera remis en liberté, pour pouvoir à son gré la rejetter ou l'accepter.

Mais on veut pendant ce tems engager Louis XVI à arrêter le bras vengeur de ses alliés.

L'assemblée, qui se flatte de l'abufer, ne s'abufe

point elle-même ; elle fent bien que le Roi , redevenu libre , redeviendra Roi , & repouffera tout pacte déshonorant. Son but n'en eft pas moins rempli , parce que , pendant ces délais , elle efpere rallier une armée , réparer les frontieres , fe mettre enfin en état de défenfe ; de telle forte que le refus du Roi de foufcrire à la Charte ignominieufe , puiffe être fuivi de fa dépofition , qu'elle maintiendroit par les moyens qu'elle auroit eu le tems de réunir.

D'un autre côté, pour fe préparer à un arrangement , auquel fe refuferoient les bêtes féroces , dont la fureur a fait jufqu'ici la force de l'affemblée , & qu'elle avoit placées dans le club des Jacobins , elle a attaqué ce club lui-même (quoiqu'il fût formé & conftamment dirigé par la majorité de l'affemblée nationale) , fon motif eft évident ; c'eft de fe débarraffer de l'oppofition de ces aveugles *Séides* , & de pouvoir terminer , fans réclamations dangereufes , une conftitution qui n'eft pas dans leur fens républicain , parce qu'une partie du peuple veut un Roi , quoique l'aviliffement de la Royauté décrété foit tel , qu'elle rendra le Monarque le but de tous les outrages , & l'objet de tous les mépris.

Voilà le point où nous fommes, & le péril imminent qui nous menace. Mais qui peut en être la dupe ? La politique des Target , de

Menou, des Lafayette, des Rabaud & des Lameth, n'eſt pas ſi déliée, qu'elle ne puiſſe être devinée par les Rois & par leurs Conſeils. Auſſi les factieux ſoutiennent-ils ce moyen par un autre qui eſt propre aux ſcélérats ; il conſiſte à montrer à la fois l'étendue des crimes qu'ils peuvent commettre, & des âmes aguerries à tous les forfaits. Ainſi ils menacent d'égorger le Roi & la Reine, les femmes, les enfans des Nobles, les Prêtres, tous les Royaliſtes, d'incendier toutes leurs propriétés !

Ah ! monſtres, ces menaces ont produit tout leur effet : c'eſt par ces moyens que vous avez depuis deux ans détruit la Monarchie : mais le malheur a accoutumé à les braver, & votre exiſtence, étant devenue le plus intolérable des fléaux, a rendu tous les autres peu redoutables.

Vous ne répandrez jamais le ſang du Roi, car la peur & votre intérêt vous preſcrivent de le conſerver ; tout le vôtre & celui de vos enfans arroſeroit ſa tombe, & l'Europe peut encore offrir un aſyle à des factieux, mais il n'y en a pas dans l'univers *pour des régicides.*

Ces têtes miſes à l'abri, buvez le ſang de vos autres victimes, brillez encore un moment, à la lueur des incendies, leurs flammes ſeront éteintes dans votre ſang. Si vous triomphez, vous aurez un empire digne de vous, vous régnerez ſur des ruines & des cadavres : ſi nous triomphons, nous laisserons subsister ces ruines désolées, monumens de vos crimes.

Le peuple ne lit pas; la postérité ignoreroit l'excès de vos atrocités. Ces ruines sanglantes seront le livre de l'avenir, les témoins de vos forfaits; & de la frayeur de retrouver des monstres qui vous ressemblent, renaîtront dans le cœur du Français l'amour du trône & la fidélité au Roi.

Tels sans doute seront vos principes, Princes magnanimes, que l'honneur força de s'éloigner d'un Empire où étoit avilie l'autorité royale, & que l'honneur seul doit y ramener aujourd'hui! Vous vous êtes mesurés avec l'adversité, & vous l'avez vaincue. C'est à la coupelle du malheur que vous formâtes votre âme, & l'infortune vous a fait retrouver dans votre sein le cœur de votre auguste aïeul. Ainsi que vous, le grand Henri connut l'adversité, & il la brava: ce fils de l'honneur & de la gloire vous avoit laissé un grand nom & un grand Empire; son nom seul vous est resté : mais vous êtes riches de ce nom auguste, & ce grand fardeau d'un nom à jamais chéri & à jamais célebre, vous êtes dignes de le porter sans être accablés de son poids.

Mais à quels souverains les factieux croient-ils donc avoir à faire! quoi! ils songent à les effrayer par de longues nomenclatures de troupes qui fe dévouent, difent-ils, à leur caufe ? Ce font felon eux fix cent mille hommes, que fuivent encore fix cent mille autres : fur quoi prenant enfuite le ton rogue & infolent de la peur qui calcule, & compte fur la peur d'autrui, c'eft bientôt la France entiere, femmes & enfans qu'ils menent au combat, & vingt-quatre millions de foldats naiffent tout à coup du rapport d'un *Montesquiou*, d'un *Noailles*, d'un *Menou*, d'un *Rabaud*, d'un *Lameth*, & de cette foule de Commiffaires, que l'affemblée envoie au loin compofer ces hyperboles, & qu'elle fait revenir en hâte, à la mefure du befoin, pour les répéter dans fa tribune.

Miférables politiques, qui effrayez-vous par ces contes, que l'impofture vous débite, & que la feule fotife croit ? Perfonne. Et vos magafins qui doivent nourrir tant d'armées pendant tant de luftres ; & vos frontieres dont les fortifications fe relevent au bruit de vos paroles ; & ces adreffes municipales fabriquées à Paris, & renvoyées des provinces à Paris ; & ces fermens de mourir pour la patrie, rien de tout cela n'effraye. Les Français feuls s'en affligent ; eux feuls pleurent fur le fort de tant d'hommes malheureux que vous avez trompés, & que vous envoyez à la mort.

C'eft aux Nobles défarmés, & paifibles dans leur châteaux, que vous avez fu faire la guerre;

ce sont les prêtres, les femmes, & les enfans, qu'ont égorgés vos armées. Dans vos mains le flambeau de la guerre est la torche de l'incendie; son glaive, le poignard des assassins.

C'est à votre Roi enchaîné que jusques à ce jour vous avez livré des combats; ce sont des batailles comme celle du 6 octobre, & celle de Varennes qu'il vous faut; & l'Europe vous connoît une habileté sans égale, pour faire décoler les gardes de votre Roi, & charger la Reine d'opprobres & de fers!

Jusques à ce jour tels furent vos trophées; le ciel, dans sa colère, peut vous en réserver d'autres; mais au moins ce n'est pas par vos actions passées, que vous rendez l'avenir redoutable.

Aussi ne comptent-ils pas sur ces moyens, *sur ces armées de vos comités*, les chefs qui vous dirigent. Mais par ces longues nomenclatures, ils espèrent que les Rois & leurs conseils calculant les efforts d'une longue guerre, & plus encore le sang des victimes que vous les forcerez d'immoler, se rendront plus accessibles à un accomodement; & que portant dans leurs cœurs ce sentiment d'humanité que vous n'eûtes jamais avant d'exercer leur justice, ils calculeront tous les maux que l'ivresse du peuple peut les forcer de faire à la France.

Mais si vous avez rendu la France inhabitable, vous ne l'avez pas rendue inaccessible. Tous les

Rois favent, que les vrais Français opprimés & fatigués de votre tyrannie, humiliés de votre exiſtence, n'attendent que leur fecours pour rendre à Dieu fes autels, & au Roi fon trône. Ils favent que s'il y a des combats, le fang qui y fera verfé eſt néceſſaire au maintien de la paix, & que celui qui fera répandu fur un champ de bataille, la juſtice l'eût fait couler fur les échafauds.

S'il eſt permis de franchir par l'imagination la vaſte étendue de l'avenir, qu'on fe repréfente, quels feront un jour l'étonnement & l'indignation des fiecles, apprenant qu'une Affemblée convoquée par un Roi de France, après deux cens ans d'interruption, & alors que l'on croyoit éteinte pour jamais l'exiſtence des Etats-Généraux, ofa fe revêtir, malgré le Roi & la Nation, d'un titre infolite, indéfini & indéfiniſſable, celui de *convention* ; qu'à ce titre, il n'eſt aucune efpece de forfaits qu'elle n'ait commis ; que fes Décrets furent rendus à la lueur des incendies qu'elle ordonnoit & récompenfoit ; que le fang des hommes inondoit la France, tandis que ces brigands publioient qu'ils alloient faire fon bonheur ; qu'après avoir arraché le fceptre de leur Roi, l'avoir emprifonné, accablé d'outrages (car leurs éloges étoient pires que leurs infultes), ils ont fini par lui ravir toutes fes fonctions, & fe les attribuer : que ces misérables, après avoir détruit la royauté, ont osé attaquer le ciel même ; & ardens missionnaires d'athéisme, porter l'inquisition de la philosophie jusques sur la pensée, & punir par le fer & le feu le souvenir même du culte de nos Peres. Qu'entourés de crimes & couverts de sang, mais ne trouvant pas assez de victimes, ils ont osé fermer toutes les issues de l'Empire prescrire, d'y rentrer, pour pouvoir plus à l'aise achever d'exterminer tout ce qui auroit survécu à l'existence de la Religion & de la Monarchie. Que ces ennemis de Dieu & des hommes, guidant un peuple de bourreaux, non-contens de couvrir de sang le lieu qui les vit naître, ont publiquement cherché à détruire tous les Empires de l'Europe ; l'ont annoncé, l'ont publié, & ont cherché à l'exécuter !

Et cependant, après deux ans de silence de la part de tous les Rois, quand enfin l'excès des forfaits est devenu tel, que le salut du monde est menacé par l'existence impunie de tant de coupables, ces scélérats ont osé proposer un accommodement entre les Rois & eux ! entre leur Monarque & eux ! un accord avec ceux dont ils égorgerent les peres, les femmes & les enfans ! une conciliation avec cette Eglise qu'ils ont proscrite & avilie ! et ces propositions peut-être ont été écoutées ! . . . . . .

Qui voudra le croire ? Personne, parce que

dans l'hiftoire des baffeffes humaines, il ne fuffit pas qu'elles foient vraies pour être crues, la poftérité exige encore qu'elles foient vraifem-blables.

Mais d'où viennent donc dans les pays étrangers ces partifans d'une révolution qui, opérée dans leur Patrie, feroit fon malheur ? C'eft en ce moment qu'on a pu apprécier dans chaque Empire, ce que font à l'Empire ces hommes pour qui la Patrie n'eft rien, & pour qui l'or eft tout. Ces hommes dignes d'être les fujets de Philippe, qui trouvoit que la Patrie exif-tôit par-tout où l'on pouvoit placer fon tréfor.

Les partifans de la révolution françaife, dans l'étranger, font de deux efpeces. La premiere compofée de ceux qui ont des fonds placés en France, des Négocians qui y ont des relations, des Banquiers qui y ont des correfpondances.

Par la plus finguliere de toutes les démences, ces hommes âpres & fans lumieres, ont cru que la révolution actuelle les paieroit, & que la Monarchie ne pouvoit les payer. Voilà ce qui a produit leur miraculeux civifme. Qu'on les paie; & demain Selim lui-même n'aura pas de meilleurs efclaves. Ces gens-là, adorateurs de l'or, ont modélé leur cœur fur leur idole; froids & compacts comme lui, fi du fang des hommes on pouvoit obtenir quelques onces de ce métal, on

les verroit payer des affaffins, louer les meur-
tres & les incendies.

La feconde claffe eft celle de ces demi-beaux
efprits, de ces politiques morts - nés, qui,
fatigués des inutiles efforts de leur amour-propre,
fe croient faits pour gouverner les Empires, &
regardent comme un outrage la falutaire obf-
curité, où les maintient leur nullité. Ces démagogues de falons, de cafés ou de clubs,
voudroient une révolution dans leur Patrie,
parce qu'ils fentent qu'il en faut une bien
étrange, en effet, pour leur donner quelque
influence; & l'exemple de celle de la France,
où la fange de la Nation eft venue dominer la
Nation même, enflamme leur zele, en réchauf-
fant leurs efpérances.

Les vœux de cette horde de démagogues
font d'impuiffantes clameurs; mais il eft tems
de les réprimer.

Jamais pareil moment ne s'eft préfenté dans
les faftes des fiecles qui font écoulés : dans peu
de mois les Souverains vont, en décidant notre
fort, fixer irrévocablement le leur. Tout ce
qu'ils nous forceront d'accepter d'accommodemens, d'injuftices, d'opprobres, rejaillira fur
eux ; & par une réaction auffi prompte que la
faute, ils partageront le fort de notre Roi, &
leurs peuples partageront le nôtre.

Mais quelle que foit notre deftinée, un bonheur eſt né pour nous de l'excès de nos maux : c'eſt la néceſſité de mourir ou de vaincre. Au courage de l'honneur s'eſt réuni celui du déſeſpoir ; le combat eſt à mort entre les coupables & nous : & en appellant à notre aide le Dieu des armées, nous pouvons dire ce que Caractacus diſoit à ſes ſoldats, pouſſés par les Romains aux dernieres limites de leur Empire :

Ità prælium atque arma, quæ fortibus honeſta, eadem etiam ignavis tutiſſima ſunt. . . .

Tac. Vit. Agr.